NOTE

SUR LES CUISINES

ET

APPAREILS DISTILLATOIRES

ET LES CAISSES A EAU

A BORD DES NAVIRES A VAPEUR.

PARIS. — IMPRIMERIE DE W. REMQUET ET Cie,
rue Garancière, n. 5, derrière Saint-Sulpice.

NOTE

SUR LES CUISINES

ET APPAREILS DISTILLATOIRES

ET

LES CAISSES A EAU

A BORD DES NAVIRES A VAPEUR

SUIVIE DES LOIS ET DÉCRETS CONCERNANT LESDITS BATIMENTS.

Par A. ORTOLAN,

PREMIER MAITRE MÉCANICIEN DE LA MARINE IMPÉRIALE.

Ancien Comptoir
DES IMPRIMEURS-UNIS.

PARIS

Ancienne Maison
L. MATHIAS (AUGUSTIN).

Librairie Scientifique-Industrielle et Agricole

DE LACROIX-COMON,

15, Quai Malaquais.

1858

CUISINES DISTILLATOIRES. — CONDENSATEURS.

Considérations générales.

L'usage des appareils distillateurs d'eau de mer se généralisant de jour en jour à bord des navires du commerce, il est utile, croyons-nous, de donner quelques indications sur leur installation, leur fonctionnement et les soins qu'exigent leur conduite et leur entretien.

La disette d'eau à la mer est, sans contredit, l'une des plus grandes calamités qui puissent frapper l'équipage d'un navire; toute invention, toute précaution, en un mot rien de ce qui a pour but direct d'empêcher que cette calamité arrive, ne saurait être écarté sans examen, ajourné avec excuse, condamné sous un prétexte quelconque. L'humanité, autant que l'intérêt pécuniaire, commande la prudence et la précaution dans cette question qui est au moins une question d'économie, lorsqu'elle n'en est pas une d'hygiène, pour les marins et les passagers d'un navire, une raison de salut pour tous.

Dès l'année 1763, le sieur Poissonnier, inventeur d'un procédé pour *dessaler* l'eau de mer, avait été appelé à faire l'expérience de son appareil à bord du vaisseau du roi le *Six-Corps*, et plus tard à bord du vaisseau le *Brillant*, pendant une traversée de France à Saint-Domingue; malgré les résultats favorables, on se borna à ordonner qu'un appareil distillateur serait établi à bord des navires de la marine royale, partant pour un voyage au long-cours, comme une précieuse ressource contre la disette d'eau. C'est qu'alors le poids et les dimensions de ces appareils, à l'état embryonnaire, pour ainsi dire, créaient des difficultés sérieuses pour leur installation à bord des navires, difficultés qui venaient s'ajouter à celles ayant pour cause l'inexpérience, le tâtonnement des ouvriers ou des agents subalternes auxquels il fallait confier la conduite et l'entretien de ces alambics.

Pendant le voyage physique de la corvette de guerre l'*Uranie*, commandée par M. le capitaine de vaisseau L. de Freycinet, de 1817 à 1820, c'est-à-dire, pendant une période de quatre ans, on fit usage à bord d'un appareil plus simple et mieux disposé que ne l'était celui de Poissonnier; il demeura prouvé : « qu'on « pouvait sans danger entreprendre une campagne autour du « monde en faisant *uniquement* usage d'eau distillée et en ne « brûlant que très-peu de combustible. — Ce procédé (ajoutait « M. le Commandant de l'expédition dans sa notice sur l'histoire « du voyage de l'*Uranie* lue à l'Académie des sciences, le 8 juin « 1840), conviendrait à merveille aux navires de guerre dans « certaines missions spéciales et, dans tous les cas, à ceux du « commerce qui pourraient économiser par là plus des deux tiers « de l'espace consacré jusqu'ici à l'emplacement de l'eau, en y « plaçant des marchandises. Mais pourquoi ce moyen si avanta- « geux et si simple n'est-il pas généralement suivi? C'est qu'en « France si l'on aime beaucoup à suivre, on aime très-peu à « faire le premier pas et que chacun attend qu'un autre donne « l'exemple. »

La question ainsi définie, il y a bientôt trente ans, est relativement la même aujourd'hui, et malgré les améliorations importantes qu'ont subies les appareils distillateurs d'eau de mer, malgré l'exemple donné par la marine de l'État, dont presque tous les navires sont munis de cuisines distillatoires, la marine du commerce hésite encore à faire usage de ces précieux appareils. La raison en est aussi, croyons-nous, que les capitaines et les armateurs qui ont donné l'exemple ont abandonné entre des mains complétement inhabiles l'entretien et la conduite des distillateurs qui exigent les soins, sinon d'un ouvrier spécial, au moins d'un homme un peu expérimenté et intelligent. De là des avaries nombreuses, et des résultats négatifs. A bord des navires à vapeur, ce dernier inconvénient est tout naturellement évité, en confiant la surveillance des appareils dont il s'agit à l'un des agents de la machine; un cuisinier, un coq, un marmiton même, peut, au bout de peu de temps, acquérir, sous cette surveillance entendue, la pratique nécessaire pour diriger convenablement le feu, éviter les incrustations calcaires et toutes les avaries dont l'unique cause, jusqu'à ce jour, nous semble provenir de l'incurie ou de l'ignorance des hommes à qui l'on a confié la direction des distillateurs.

Avant de décrire succinctement quelques-uns des générateurs et des condensateurs en usage, nous dirons, à propos de l'eau de mer distillée employée comme boisson et à la préparation des aliments, que les différentes commissions appelées à rendre compte de leurs observations sur ce sujet ont toujours conclu que, dans certaines limites de temps, l'usage de l'eau distillée ne pouvait avoir des effets pernicieux sur la santé.

Nous sommes convaincu que, si à la longue il est possible que ces effets pernicieux se produisent, ils doivent être peu sensibles, puisqu'après vingt-cinq mois de campagne sur les côtes d'Afrique, le chirurgien de l'aviso le *Crocodile*, dont l'équipage avait fait *exclusivement* usage d'eau distillée, n'eut pas l'occasion de signaler un seul cas de maladie particulière à ce régime, et put constater en outre que les cas de maladie dus à l'insalubrité du climat : dyssenterie, maladie du foie, etc., avaient été proportionnellement plus rares à bord du *Crocodile* qu'à bord des autres navires de la station qui, n'étant pas munis de distillateurs, consommaient, en ration journalière, l'eau malsaine des fleuves, des citernes naturelles et très-rarement les eaux des sources courantes. Dans un rapport inséré au *Moniteur Universel*, numéro du 29 décembre 1817, M. le docteur Kéraudren, inspecteur général du service de santé de la marine, disait en rendant compte des expériences faites à Brest, Toulon et Rochefort : « Que, pendant un mois, des hommes avaient « fait un emploi exclusif de l'eau dessalée en boisson et pour la « cuisson des aliments et qu'ils auraient encore pu, sans incon- « vénient, en prolonger la durée. » Cette opinion de M. l'Inspecteur général a été depuis longuement vérifiée par l'expérience, ainsi que nous venons de le faire remarquer, et si quelques cas contradictoires se sont produits, nous croyons, toujours par expérience, que la cause n'était pas due à l'usage continu que l'on a pu faire de l'eau distillée elle-même, mais bien à la présence d'un oxyde de cuivre qui, dans les appareils construits avec ce métal et mal entretenus, se forme sur les surfaces extérieures de l'enveloppe ou dans l'intérieur même lorsque l'usure a détruit l'étamage, et se trouve entraîné par les produits de la distillation dans les caisses ou tonneaux destinés à recueillir ces produits.

A bord du *Crocodile*, nous avons employé un procédé bien simple pour débarrasser complétement l'eau distillée de ces substances malfaisantes ; quoique l'appareil dont nous avions la surveillance fût vieux, presque complétement détamé à l'intérieur par suite d'un long service, et fournît ainsi une certaine quantité de sel de cuivre, l'eau qu'il produisait, recueillie dans les caisses d'approvisionnement, n'en contenait aucune trace. Ce procédé, que nous recommandons fortement, consistait en une espèce de filtre mobile composé d'un grand entonnoir en tôle à large goulot, rempli d'escarbilles et de charbon de bois légèrement pilés ensemble; cet entonnoir, couvert par deux doubles d'étamine à pavillon, était posé dans l'orifice de la caisse à remplir, recevait l'eau arrivant de l'appareil distillatoire par la manche de conduite, la filtrait, et en la faisant couler par petits filets dans la caisse, facilitait son aération. Tous les samedis on vidait et nettoyait cette espèce de filtre économique, on lavait l'étamine, et après avoir remis escarbilles et charbon, on replaçait le tout sous la manche, pour un service de huit jours sans interruption.

Les qualités hygiéniques de l'eau de mer distillée comparées à celles de l'eau douce de source courante et de l'eau de puits est une question du ressort de la science médicale; après les faits que nous venons de signaler, nous nous bornerons à citer encore une fois l'opinion de M. le docteur Kérandren :

« L'eau distillée diffère de l'eau naturelle en ce qu'elle est « fade, privée d'air et pesante dans l'estomac. On conseille de « la battre pour lui restituer l'air qu'elle a perdu, mais cet ex- « pédient ne lui rend pas ses qualités premières. L'eau douce « la plus saine, indépendamment de la quantité d'air qui s'y « trouve en dissolution ou combiné, contient toujours une pe- « tite proportion de matière terreuse ou saline, d'où provient le « degré de sapidité que lui trouvent les hydropotes et qui « échappe à ceux qui font habituellement usage de liquide d'une « saveur plus prononcée. — J'ai toujours été d'une opinion fa- « vorable à l'emploi de l'eau de mer distillée dans des cas déter- « minés et pendant un temps limité. Aujourd'hui (1840) je « pense encore que les navigateurs prévoyants ne doivent pas « négliger d'avoir à bord un alambic, exposés qu'ils sont à ne « rencontrer que de l'eau saumâtre sur les rivages qu'ils vont « explorer. »

Nous lisons dans le *Traité d'hygiène navale*, par le docteur J. B. Fonssagrive, professeur à l'école de médecine navale à Brest:

« Aujourd'hui (1856), l'usage de l'eau distillée ne rencontre « guère plus d'opposition, et c'est tout au plus si quelques pré- « ventions vaguement formulées s'élèvent de temps en temps « contre elle. — L'eau distillée convenablement amendée, est « plus salubre et susceptible d'une plus longue conservation que « celle des fontaines, des aiguades et des rivières. Un seul re- « proche peut lui être adressé : elle est trop pure ; elle reste « muette à tous les réactifs. Or, on sait que l'eau, pour devenir « un bon aliment, doit renfermer et de l'air et des substances « salines. Qu'on rende à l'eau distillée ces deux éléments, et elle « deviendra la plus salubre de toutes. — L'aération de l'eau « sera facile toutes les fois que la cuisine distillatoire sera placée « soit sur le pont, comme cela se voit sur beaucoup de navires à « vapeur, soit dans la batterie haute, au-dessous d'un large pan- « neau; l'air pur et l'eau seront en contact, il n'y aura plus « qu'à faciliter leur mélange par un battage mécanique. A la « rigueur, le battage à la main ou le transvasement répété pour- « raient, quoique moins sûrement, atteindre le but. On pour- « rait, » continue le docteur Fonssagrive, « amender l'eau distillée « en y dissolvant certains sels, et en lui donnant ainsi la compo- « sition des meilleures eaux potables; cette idée nous paraît « d'une très-grande utilité pratique. Nous proposons de former « une masse saline composée d'éléments semblables à ceux qui « résultent de l'évaporation de l'eau potable prise pour type. « Des paquets assortis formés chacun de :

	décigr.
« Chlorure de sodium (sel marin).	4,8
« Sulfate de soude.	3,4
« Bicarbonate de chaux..	48,0
« Carbonate de soude.	14,0
« Carbonate de magnésie.	6,0

« seraient mis en approvisionnement sur les navires, et chacun « d'eux serait employé à salifier une caisse à eau d'un kilolitre. « Ces sels seraient délayés dans quelques litres d'eau qu'on ver- « serait ensuite dans la caisse.

« Nous appelons la sérieuse attention des hommes qui diri- « gent la marine sur cette amélioration aussi simple qu'elle est « utile; nous la croyons de nature à rendre l'eau distillée pré- « férable à toute autre, puisque, contenant les mêmes éléments « utiles que les eaux potables les plus estimées, elle renfermera « de moins qu'elles certains éléments nuisibles, les matières or- « ganiques en particulier. Tout prétexte de récrimination sera « ainsi enlevé aux quelques esprits chagrins qui voient avec « peine cette innovation prendre pied dans la marine, et qui « attribuent encore à l'eau distillée, dont un usage exclusif « pendant plusieurs années nous a démontré, pour notre « compte, la parfaite innocuité, des inconvénients illusoires et « des périls imaginaires. »

Description et fonctionnement d'une cuisine distillatoire.

On se sert de trois espèces d'appareils distincts lorsqu'on traite les liquides par la chaleur, et suivant le but auquel on se propose d'arriver.

1° *Appareil à vaporiser* ou *à vapeur*, lorsqu'on veut faire usage de la vapeur comme moyen de chauffage ou comme force motrice : chaudières des machines et des calorifères.

2° *Appareils à évaporer*. Lorsqu'on veut débarrasser les substances solides des liquides où elles sont en dissolution ou des liquides qu'elles contiennent dans leur état naturel : capsules et creusets des laboratoires, étuves où l'on dessèche les légumes frais et les fruits pour les conserver, etc.

3° *Appareil à distiller*. Lorsqu'on veut séparer les liquides des substances qu'ils contiennent en dissolution, lorsqu'on veut obtenir séparément les liquides et les solides qui constituent un corps : chaudières et cornues servant à distiller les graines et les vins qui contiennent de l'alcool, *cuisines distillatoires de l'eau de mer*, qui font le sujet de cette note. L'idée de départ qui a donné lieu à la confection de ces derniers appareils est une idée bien simple : *vaporisation* de l'eau de mer au moyen de la chaleur dégagée par la combustion d'un combustible quelconque, *condensation* par contact de cette vapeur qui, en se formant, a abandonné les sels que contenait l'eau d'où elle provenait. *Résultats : eau distillée*, c'est-à-dire purgée de tous les corps étrangers qu'elle tenait en suspension ou en dissolution. (Sulfate de chaux, sel marin, etc.)

Dans les fourneaux FF (*fig.* 1) a lieu la combustion de la houille ou du bois ou de tel autre combustible employé ; les gaz chauds comme la fumée s'échappent par la cheminée H, après avoir échauffé l'eau contenue dans l'évaporateur E (habituellement on dirige le tuyau H dans la cheminée des chaudières des machines, afin de profiter d'un tirage plus actif lorsque ces chaudières fonctionnent). Cette eau se vaporise, la vapeur monte par le conduit C dans le récipient P, comme l'indiquent les flèches, descend dans le coffre à vapeur VV, pénètre dans le *réfrigérant* RR′ en passant par le tuyau T et s'introduit dans le serpentin S ; ce serpentin est entouré d'eau froide constamment renouvelée au moyen d'une pompe mue à bras et aboutissant en B ; le trop plein de cette eau *refroidissante* s'en va au dehors de l'appareil par le tuyau *t*′; la vapeur se condense donc d'une manière continue dans le serpentin et l'eau provenant de la condensation, qui n'est autre que l'eau distillée, s'écoule par le tuyau qui porte le robinet *r*′, dans les caisses destinées à la recevoir et situées ordinairement dans la cale. La petite tubulure *t*, dont la hauteur est de 5 à 10 centimètres, a pour but de soumettre à la pression atmosphérique la colonne d'eau qui descend dans le conduit, afin de faciliter son écoulement, lorsque la pression qui existe dans le coffre à vapeur VV est moindre que celle de l'atmosphère, et que l'horizontalité des petits tuyaux qui forment ce conduit est un nouvel obstacle à la circulation du liquide. La

Figure 1.

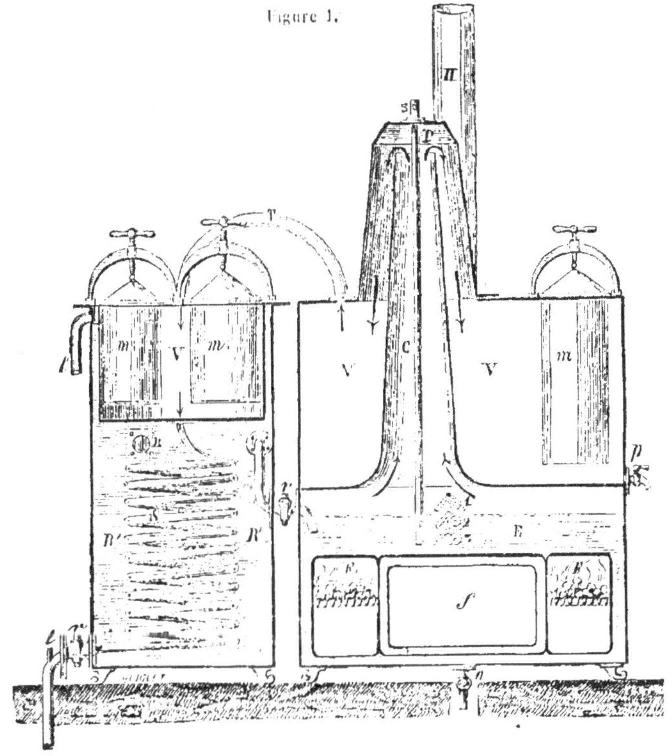

chaleur abandonnée par la vapeur se condensant dans le serpentin est transmise par contact à l'eau du réfrigérant, dont la température se trouve ainsi portée dans les couches supérieures à 50° et même à 66°. Cette chaleur est utilisée, du moins en partie, puisque l'eau d'alimentation pour la chaudière E est prise dans le réfrigérant en ouvrant le robinet *r* : la différence des niveaux entre la chambre E et le réfrigérant R'R' suffit pour déterminer le courant de l'eau, du réfrigérant à la chaudière, car la pression de la vapeur qui remplit la chambre VV, n'est jamais plus grande que celle de l'atmosphère qui agit sur le volume d'eau remplissant le condensateur R'R'. La hauteur du niveau du liquide dans la chaudière est indiquée par les robinets 1, 2, 3, placés sur la façade, quelquefois par un tube de jauge en verre disposé comme le sont ceux des chaudières marines. Le sifflet d'alarme S est mis en communication avec la vapeur, lorsque le niveau de l'eau baissant accidentellement ou par manque d'alimentation déjauge la partie inférieure du tube : le sifflement de la vapeur avertit alors du besoin pressant d'alimentation et avant que les surfaces de chauffe soient découvertes. Le conduit C, a pour but d'empêcher que l'eau salée soumise à la vaporisation ne soit projetée dans le serpentin soit pendant une ébullition accidentelle, soit pendant l'inclinaison du navire au tangage ou au roulis. O, est le robinet d'extraction; P est le robinet de l'eau douce provenant de la condensation de la vapeur dans le coffre VV, elle sert pour les besoins de la cuisine. Dans le four *f* placé entre les deux fourneaux FF on fait cuire les plats préparés pour ce genre de cuisson, mais on ne pourrait y faire cuire le pain que très-imparfaitement. La cuisson des viandes et des légumes qui composent la ration habituelle de l'équipage a lieu dans les chaudières et les marmites MM, chauffées par la vapeur circulant dans les coffres VVV avant de se rendre dans le serpentin; on ne peut nier que par cette méthode les aliments ne cuisent pas aussi vite et aussi parfaitement que par la méthode ordinaire (contact direct de la flamme avec les vases chauffés), mais un chauffeur, ou un coq ayant l'expérience de ce mode de cuisine arrive sans peine à des résultats suffisants. Les viandes fraîches ou salées sont toujours cuites, et si on ne peut en dire autant des légumes secs, il faut l'attribuer, la plupart du temps, à leur mauvaise qualité.

Lorsque les chaudières des machines sont en activité et que les machines sont stoppées, lors même qu'elles fonctionnent et que la puissance vaporisatrice des générateurs permet d'y faire un emprunt de vapeur sans nuire à la marche habituelle du moteur, au lieu de produire la vapeur à condenser dans l'appareil distillateur, on la prend aux grandes chaudières, au moyen d'un tuyau muni d'un robinet faisant communiquer à volonté le coffre à vapeur de ces chaudières avec la chambre VV de la cuisine distillatoire. Ce moyen est économique et permet d'obtenir la cuisson des aliments plus promptement et plus parfaitement, parce que la vapeur qu'on emploie alors possède une plus haute température (120° environ pour une pression de 2 atmosphères) que celle obtenue dans l'appareil lui-même; la production d'eau distillée augmente du tiers environ et peut même être doublée, si la pompe qui amène l'eau refroidissante dans le réfrigérant peut en fournir une quantité suffisante pour tenir la température moyenne de ce récipient à 60° dans les couches supérieures du liquide.

La cuisine distillatoire que nous venons de décrire n'est pas le seul appareil de ce genre en usage aujourd'hui, mais c'est celui qui a fait ses plus longues preuves, celui que la marine de l'État a adopté et qu'elle a placé à bord de chaque navire armé; il porte le nom des deux inventeurs Rocher et Peyre, dont les ateliers de construction sont établis à Nantes. D'autres constructeurs ont livré au commerce des cuisines distillatoires aussi économiques et aussi commodément installées que celle de MM. Rocher et Cie, et le choix entre chacun des systèmes produits ne peut être guidé que par les résultats comparatifs de distillation, de dépense de combustible, du poids et de l'encombrement.

Le tableau ci-dessous pourra fournir des données utiles et éclairer la question que nous traitons.

Appareils distillatoires Rocher.

DÉSIGNATION des corps des appareils.	POUR VAISSEAUX.							POUR FRÉGATES.						
	Longueur.	Largeur.	Hauteur.	Capacité des chaudières pour l'équipage.	Nombre de marmites de 18 à 44 cent. de diamètre.	Minimum d'eau distillée par heure de chauffe.	Maximum de poids.	Longueur.	Largeur.	Hauteur.	Capacité des chaudières pour l'équipage.	Nombre de marmites de 18 à 40 cent. de diamètre.	Minimum d'eau distillée par heure de chauffe.	Maximum de poids.
	mèt.	mètr.	mètr.	litres	quan.	litres	kilog.	mètr.	mètr.	mètr.	litres	quan.	litres	kilog.
Évaporateur muni du four.	3,40	1,66	1,35	1033	13	320	5100	2,22	1,30	1,27	500	10	150	3650
réfrigérant avec serpentin.	1,76	0,73	1,30					1,40	0,60	1,22				

DÉSIGNATION des corps des appareils.	POUR CORVETTES.							POUR BRICKS ET BATIMENTS DE FLOTTILLE.						
	Longueur.	Largeur.	Hauteur.	Capacité des chaudières pour l'équipage.	Nombre de marmites de 18 à 30 cent. de diamètre.	Minimum d'eau distillée par heure de chauffe.	Maximum de poids.	Longueur.	Largeur.	Hauteur.	Capacité des chaudières pour l'équipage.	Nombre de marmites de 18 à 25 cent. de diamètre.	Minimum d'eau distillée par heure de chauffe.	Maximum de poids.
	mètr.	mètr.	mètr.	litres	quan.	litres	kilog.	mètr.	mètr.	mètr.	litres	quan.	litres	kilog.
Évaporateur muni de four.	1,40	0,92	1,20	220	8	70	1646	0,77	0,70	1,05	50	4	20	700
réfrigérant avec serpentin.	1,30	0,58	1,45					0,67	0,48	1,00				

A l'aide de chiffres que nous avons recueillis et dont nous avons eu maintes fois l'occasion de vérifier l'exactitude, nous ajouterons aux indications du tableau précédent : 1° que le litre d'eau de mer distillée coûte 0 fr. 01 c. net, le prix du charbon étant évalué à un maximum de 40 fr. le tonneau, les frais annuels de réparation et d'entretien, à 200 fr., la solde et la nourriture d'un agent spécial à 100 fr. par mois, en faisant entrer dans ce calcul les intérêts de la somme d'achat de l'appareil portée à 8,000 fr. moyennement; 2° qu'à la pratique, chaque kilogramme de charbon produit 6 litres d'eau, faisant cuire en même temps les aliments de l'équipage; 3° que chaque tonneau de charbon représente donc 6 tonneaux d'eau; 4° que le prix des appareils Rocher, qui donnent ces résultats, est de 5 fr. le kilogramme, et qu'ils peuvent marcher trois mois sans interruption, si on a le soin de pratiquer convenablement les extractions afin d'éviter les dépôts calcaires; après ce temps, il devient nécessaire de démonter le fourneau pour nettoyer les surfaces de chauffe, opération que l'on peut faire en six ou huit heures.

Conduite des appareils.

La conduite des cuisines distillatoires exige, de la part du chauffeur ou du coq à qui elle est confiée, une attention soutenue sur ces points principaux :

Chauffage. Mêmes précautions à prendre que celles qui sont indiquées pour les chaudières marines § 129 : couche égale de combustible sur la surface de la grille, nettoyage fréquent de cette grille et des conduits de flammes qui se remplissent de cendres et de suie, grosseur du charbon un peu moindre que le poing, cendrier dégagé; le moins souvent possible ouvrir la porte du fourneau, et enfin, si la cheminée n'est pas dirigée dans celle de la grande chaudière, orienter son pavillon suivant la direction du vent, de manière à obtenir le meilleur tirage possible.

Alimentation. Ne jamais laisser à découvert les surfaces de chauffe, conserver le niveau d'eau dans l'évaporateur au deuxième robinet, alimenter doucement, en ouvrant très-peu à la fois le robinet d'alimentation.

Extraction. Ne jamais laisser l'eau soumise à la vaporisation atteindre une densité plus grande que celle correspondant à 4° de l'aréomètre en cuivre de Beaumé, ou 6° de l'aréomètre en verre. Ainsi, on conserve longtemps l'appareil sans dépôt calcaire adhérent, précaution que l'on ne saurait trop recommander, en raison de la facilité de fusion du cuivre et du détamage qu'il subit aussitôt que les surfaces de chauffe ne sont plus en contact direct avec l'eau ; dans cet état, l'oxyde de cuivre qui se forme sur les parties détamées est entraîné par la vapeur dans le serpentin et reste en suspension dans l'eau distillée. On sait que les sels de cuivre introduits, même à petite dose, dans l'estomac, occasionnent des douleurs épigastriques, des coliques, etc., etc., et deviennent même un poison lorsqu'ils sont pris en certaines quantités ; il est donc facile d'éviter ce danger, ainsi que nous l'avons expliqué plus haut, en filtrant les produits de la distillation.

Condensation. Tenir le réfrigérant à la température moyenne de 50° dans les couches d'eau supérieures, le tenir froid au toucher dans les régions inférieures, et pour cela, manœuvrer la pompe qui amène l'eau froide, d'une manière continue et à petite vitesse.

Propreté. Surveillance sévère de ce détail, surtout pour les parties extérieures sur lesquelles se forme rapidement l'oxyde de cuivre lorsqu'il y séjourne l'eau de mer chaude, ou les graisses provenant des opérations culinaires.

Nettoyage intérieur. Opération nécessaire pour débarrasser les surfaces de chauffe des légères incrustations qui ont pu s'y former, même en conduisant les extractions comme il vient d'être dit (1). Ce nettoyage s'opère en sortant les foyers FF et le four *f*, qui sont tenus dans l'évaporateur au moyen de petits boulons taraudés, et en enlevant les dépôts calcaires au moyen d'un ciseau à biseau rond, ou simplement d'une gratte. Nous recommandons le moyen suivant que nous avons toujours employé avec succès : la cuisine distillatoire étant complétement vide d'eau, on ferme à moitié le robinet du serpentin ; au moyen du robinet de communication avec les chaudières de la machine, on introduit une certaine quantité de vapeur prise dans ces chaudières ; la dilatation subite du cuivre à cette haute et brusque température (de 105° à 120°) fait craquer, écailler la croûte formée par les dépôts qu'il est ensuite très-facile d'enlever de la chambre à eau E, en démontant le foyer.

Cuisson des aliments.

Pour obtenir la cuisson convenable des aliments placés dans les marmites MM, il est nécessaire de fermer à moitié le robinet du serpentin, de forcer la vaporisation en forçant la chaufferie, et de diminuer le refroidissement du serpentin en diminuant la quantité d'eau refroidissante ; le courant de vapeur qui passe dans le compartiment des marmites M, se trouvant alors ralenti, parce que la condensation est moins prompte qu'habituellement, cette vapeur plus chaude a *mieux le temps* de commu-

(1) Après 260 heures de chauffe, nous avons trouvé dans un appareil distillateur une croûte de matière calcaire d'une épaisseur d'un millimètre faible et légérement adhérente sur les surfaces.

niquer une portion de sa température aux marmites qu'elle entoure. Il est évident que par ce moyen la production d'eau distillée est moindre que par les procédés ordinaires, mais on atteint ainsi plus sûrement et plus vite le résultat momentané qu'on se propose.

Les marmites, ainsi que la chaudière de l'équipage, étant en cuivre étamé, on comprend les dangers auxquels on exposerait tout le personnel d'un navire en négligeant la propreté de ces vases confiés, un peu trop exclusivement peut-être, aux soins des coqs et des marmitons; une surveillance régulière et plus désintéressée, sous le rapport du travail, que celle de ces agents, nous paraît indispensable à ce détail. Les précautions à prendre en ceci sont bien simples et bien faciles : ne jamais laisser séjourner dans les vases culinaires ni les corps gras, ni les substances ou préparations qui, par le refroidissement, donnent naissance à un acide, ni préparer les aliments acides dans une chaudière dont les surfaces intérieures ne sont pas bien étamées; après la distribution des aliments préparés, nettoyer à l'eau chaude l'intérieur des chaudières et les essuyer à sec, les remplir d'eau douce propre, les tenir fermées, et enfin, lorsque l'appareil est en activité, tenir remplies d'eau, pour en conserver l'étamage, les marmites et les chaudières dont on ne se sert point.

Nous appelons l'attention sur une remarque que nous avons eu souvent l'occasion de faire; les grandes cuillers dont se servent les coqs pour remuer ou pour servir la soupe, sont en fer ou en cuivre étamé; le frottement de cet ustensile dans le fond des chaudières, et principalement vis-à-vis du couvercle, a bientôt enlevé l'étamage et finit même par percer le cuivre; de plus, les broches pointues, en fer, sur lesquelles sont enfilées les rations de chaque plat, en étant remuées, produisent contre les parois de la chaudière un effet analogue à celui du frottement de la cuiller ; pour éviter ce mauvais effet, il suffirait de ne se servir que de broches et d'ustensiles en bois, ou tout au moins de les garnir de bois.

Quelque minutieux que puissent paraître ces détails au premier abord, il n'est pas moins essentiel de les connaître, parce qu'ils sont intimement liés à la question d'hygiène navale, question d'un intérêt aussi sérieux que celle de discipline ou de fret à grand bénéfice.

Malgré les progrès que sont appelés à subir les appareils distillateurs, malgré même les résultats surprenants qui viennent de réveiller tout récemment l'attention publique, résultats que nous allons mentionner, nous avons étudié plus particulièrement dans cette note les appareils Rocher, parce que ce sont ceux en usage en France, et que les navires qui en sont munis les garderont longtemps encore, alors même qu'il serait bien prouvé qu'il en existe de meilleurs.

Appareil Normandy.

Cet appareil est en voie d'expérience en Angleterre. D'après les différents rapports dont il a été l'objet, c'est lui qui a le plus complétement résolu le problème de la *potabilisation* de l'eau de mer et la question d'économie de combustible. Les principes rationnels qui ont présidé à sa composition sont présentés comme suit par M. Jobard, le savant directeur du musée de l'industrie belge. C'est sous le couvert de cette autorité que nous donnons les détails ci-dessous, ne connaissant nous-même cette récente invention que par le compte rendu qu'en a publié M. Jobard, dans sa revue critique des *Nouvelles inventions aux expositions universelles*.

« Le distillateur Normandy est une espèce de chaudron chauffé, « suant par toutes les jointures.

« L'eau de mer qui le traverse est dépouillée, par l'ébullition, « de son air de composition, qui s'élève avec la vapeur et se « mélange avec elle dans un même compartiment. Ce mélange « condensé se trouve être de l'eau douce parfaitement aérée, « tandis que, par l'application intelligente du système de double « distillation de Cellier Blumenthal (1), la chaleur latente de la « vapeur sert à vaporiser une nouvelle quantité d'eau à peu près « égale à celle qu'on obtient par première intention, par consé- « quent avec grande économie de combustible. C'est ainsi qu'un « kilogramme de charbon produit vingt litres d'eau aérée au « maximum. Bien des ingénieurs à vapeur ne croiront pas à ce « chiffre, qui est pourtant une vérité.

« Mais l'eau distillée, par n'importe quel procédé, conserve « toujours une odeur empyreumatique due à l'action caustique « des surfaces de chauffe sur les matières organiques, c'est-à-dire « sur ces particules infiniment ténues que l'on voit se jouer dans « un rayon de soleil, mélange indéfinissable de sporules, de pol- « lens, de semences microscopiques et d'atomes crochus, que « Berbiguier prenait pour des farfadets et Raspail pour des in-

(1) Ce système consiste à multiplier presque à l'infini les surfaces du liquide soumis à la distillation, pour économiser du temps et du combustible : la vapeur qui s'échappe de la chaudière, avant de se rendre dans le réfrigérant, circule sous de nombreux plateaux placés les uns au-dessus des autres et contenant chacun une mince couche du liquide à distiller (environ 3 centimètres d'épaisseur) ; ces plateaux sont sans cesse alimentés par l'eau chaude provenant du réfrigérant et qui coule de l'un dans l'autre, de telle sorte que, lorsqu'elle tombe du dernier plateau dans le fond de la chaudière en contact direct avec la flamme sortant du foyer, elle possède déjà une température très-voisine de celle de la vaporisation. Quelque grand que soit le bénéfice résultant de l'emploi de ce système, le chiffre de 20 litres d'eau vaporisée par kilogramme de charbon brûlé nous paraît exagéré. A. O.

« sectes colérifères ou morbigènes, lesquels ne cessent de pleu-
« voir sur la surface des eaux et de s'y engloutir.

« Or, tous ces corpuscules grillés, bouillis, rôtis, sont évi-
« demment le principe de cette odeur nauséabonde dont il était
« important de débarrasser l'eau distillée. Le savant chimiste
« pressentit que ces odeurs ne pourraient être détruites que par
« cette combustion latente que l'on nomme *érémacausie*, et
« qu'une portion de l'oxygène contenu dans l'eau pouvait ser-
« vir à brûler ces matières empyreumatiques. Il y parvint na-
« turellement par la filtration à travers du charbon ou d'autres
« matières suffisamment poreuses (1). La justesse de sa prévi-
« sion fut pleinement confirmée par le succès ; c'est là, croyons-
« nous, un point capital de cette très-importante découverte.

« Le filtre en question, ne recevant que de l'eau distillée, ne
« peut s'obstruer ; c'est donc moins un filtre qu'un foyer dont
« le combustible est cette huile empyreumatique qui souille
« tous les liquides bouillis et qui, distribuée sur une grande
« surface dans un milieu très-oxygéné, y est réellement brûlée,
« en ne donnant que les produits ordinaires de toute combus-
« tion, de l'acide carbonique et de l'eau.

« D'après le temps déjà très-long que ces filtres désinfecteurs
« ont fonctionné sans aucun renouvellement, on est fondé à
« croire qu'ils dureront aussi longtemps que leurs enveloppes,
« car ils n'agissent pas par séparation mécanique, mais par

(1) Lorsque, à bord du *Crocodile*, nous établîmes un filtre mobile chargé avec du charbon et des escarbilles pour débarrasser l'eau distillée des sels de cuivre produits par l'état d'usure de l'appareil, nous ignorions complétement aller ainsi au-devant de la solution d'un problème posé par la science et résolu par un moyen aussi simple. Nous devons sans doute à cette précaution d'avoir pu, pendant vingt-sept mois de campagne, procurer à l'équipage une eau *agréable* à boire et d'une innocuité parfaite.

A. O.

« combustion insensible, par *érémacausie*, enfin, puisqu'il faut « l'appeler par son nom scientifique.

« L'eau découle de cette machine en filet continu, comme « d'une fontaine d'eau douce, limpide et inodore, avec cette « touche caractéristique des sources vives que l'on boit toujours « avec délices, et dont bien des ivrognes finiraient par se dé- « lecter s'ils en avaient jamais goûté.

« Un appareil d'un mètre de haut et de 50 centimètres de « large, fournit 120 litres d'eau par heure; aussi la marine an- « glaise commence-t-elle à en faire un grand usage. »

Les résultats de la mise en pratique sont certifiés par la pièce suivante que nous copions dans le livre de M. Jobard. Nous regrettons qu'il ne soit point fait mention sur cette pièce de la consommation du combustible, ce qui eût éclairci les doutes que nous avons humblement émis sur cette question, malgré l'assertion formelle du savant directeur du musée de l'industrie belge.

Royal Mail steam packet Atrato

Southampton, 20 septembre 1857.

To Dr Normandy, patent marine aerated fresh water company.

Monsieur, c'est avec grand plaisir que nous avons à vous informer que votre appareil, placé à bord de ce vaisseau, a fonctionné admirablement pendant son voyage à Saint-Thomas, aller et retour, et ne nous a pas donné le moindre mal. Il produit régulièrement 18 gallons (90 litres) par heure, l'eau de mer étant à 70° Fahr., et 17 gallons (86 litres) par heure, l'eau de mer étant à 80° Fahr ; l'eau distillée, au sortir de l'appareil, avait la même température que celle de l'eau de la mer : les proportions d'eau douce aérée et condensée étaient égales, et le liquide était prêt pour le service de la table.

L'eau est admirablement claire et égale, sous tous les rapports, aux meilleures eaux : elle était plus estimée que celle qu'on a emportée de Southampton. D'après le peu d'espace que cet instrument occupe et la facilité avec laquelle l'eau est procurée, l'appareil du docteur Normandy doit, dans un temps donné, devenir indispensable pour les vaisseaux océaniques de première classe. Vu la certitude avec laquelle on peut se procurer de l'eau douce prête pour le service de la table, au moyen de cet appareil, la compagnie a fait enlever une portion des caisses à eau et converti l'espace occupé par ces caisses pour l'arrimage de 30 tonnes de cargaison.

Nous avons l'honneur d'être, monsieur, vos obéissants serviteurs.

F. Woolley, commandeur; James Wilkie, ingénieur en chef; W. Vincent, surintendant de la marine.

Des Condensateurs.

Les condensateurs sont des appareils destinés à utiliser la vapeur formée dans les chaudières marines et évacuée dans l'atmosphère, lorsque les machines sont stoppées, ou après l'extinction des feux; il est évident que les machines fonctionnant, on peut aussi, et même on peut mieux produire de l'eau distillée, sans autre travail que celui d'ouvrir les robinets qui font communiquer l'appareil avec les chaudières et avec le condenseur.

Les figures 2 et 3 représentent un appareil de ce genre établi à bord de plusieurs navires et construit sur les indications de M. l'ingénieur de la marine, Sabattier. Dans un cylindre en tôle de fer ou de cuivre étamé, on fait arriver la vapeur de la chaudière par le tuyau P, elle circule dans les tubes où sont placés les cylindres DDD remplis de charbon ou de toute autre matière peu conductrice de chaleur; cette vapeur est pour ainsi dire laminée entre les cylindres D et les tubes qui les contiennent, et comme l'intérieur de ces tubes est en contact avec l'eau froide, prise sur le tuyau d'injection de la machine et introduite dans l'appareil par l'ouverture A, la condensation s'opère promptement, et l'eau distillée qui en est le résultat s'écoule par l'ouverture E, dans les caisses destinées à la recevoir. L'ouverture B est mise en communication avec le condenseur de la machine lorsqu'elle fonctionne : l'eau refroidissante est alors aspirée par la pompe à air. Quand les machines sont stoppées, on ferme l'orifice B et on ouvre l'orifice C qui communique dans la cale où s'écoule alors l'eau refroidissante, à moins qu'une petite pompe mue à bras ou par le petit cheval, et aboutissant en C, ne rejette cette eau au dehors du navire. La figure 3 représente la coupe transversale d'un condensateur, et la figure 2 la coupe longitudinale suivant un diamètre MN.

Fig. 2.

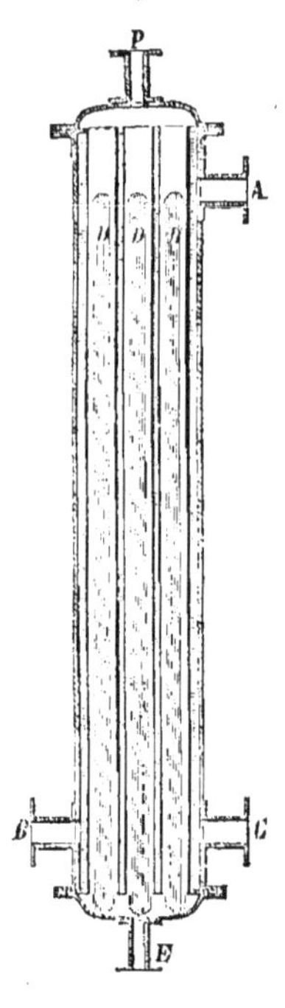

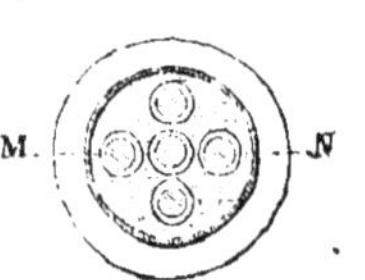

Fig. 3.

Ces appareils sont placés suivant les installations du navire, soit dans la cale sous les condenseurs, soit dans les coursives, entre les carlingues, et de manière à ne produire ni gêne ni encombrement; ajoutant à cette qualité, leur utilité sans autre dépense que celle d'un premier achat, et la ressource qu'ils présentent de pouvoir, au besoin, produire beaucoup d'eau, on ne peut nier que ces condensateurs soient le meilleur complément à ajouter aux cuisines distillatoires.

Les condensateurs et les appareils complets de distillation ont maintes fois exercé l'esprit ingénieux des mécaniciens marins, appelés, dans certaines circonstances, à construire ou à installer des alambics en prévision d'un manque d'eau potable.

Pendant la guerre de Crimée, on confia à M. Tissot, premier maître mécanicien, la construction et l'installation à terre d'un appareil distillateur dont la production d'eau devait suffire à l'alimentation de nos troupes occupant le détroit de Kertch. La chaudière d'une usine russe servit d'évaporateur; comme il eût été très-difficile et très-long de construire un serpentin à hélice, on le remplaça par un serpentin à lentilles, tel qu'il est représenté dans la figure 4. Ce serpentin, imaginé par notre collègue M. Roux, est d'une construction facile à bord des navires; il se compose de lentilles superposées les unes au-dessus des autres et légèrement inclinées en sens contraire pour faciliter l'écoulement de l'eau condensée; chacune d'elles est formée de deux plateaux concaves en cuivre à doublage étamé, agrafés l'un à l'autre et soudés ensuite; il présente, sur le serpentin à hélice, l'avantage de pouvoir être réparé et démonté sans peine, et de faciliter la condensation de la vapeur en offrant, sous le même volume, une plus grande surface de refroidissement et un espace plus grand à la dilatation de cette vapeur. On profita d'un accident de terrain pour établir la cheminée, qu'on n'aurait pu construire en briques ou en tôle sans employer certaine quantité de matière et de matériaux dont on n'était pas approvisionné; la chaudière étant adossée contre le versant d'un monticule, un sillon vertical creusé sur le versant et fermé dans sa longueur, remplit parfaitement l'office de cheminée; l'eau de refroidissement et d'alimentation amenée de la mer, dans l'appareil, au moyen d'une pompe à bras, compléta ce distillateur improvisé qui ne produisit pas moins de 1,000 litres d'eau par heure de chauffe.

Lorsqu'à bord d'un navire on dispose de prises d'eau situées à inégale distance du niveau de la mer, on peut utiliser la différence de pression sur les deux orifices, et obtenir le courant d'eau froide nécessaire à la condensation, sans employer l'action d'une pompe pour rejeter cette eau au dehors du bâtiment. Un appareil construit d'après ce principe a été établi à bord du *Fulton*, en station dans la mer d'Azoff, par notre collègue et ami M. Mouche, dont nous avons déjà fait connaître plusieurs installations aussi utiles qu'ingénieuses (pages 286, 357). Voici en quoi consiste son condensateur : une caisse à eau D (fig. 4), contenant quatre lentilles LL', est placée entre le robinet d'extinction des feux auquel elle communique par le tuyau A, et le condenseur de la machine, auquel elle communique indirectement par le tuyau B qui aboutit au tuyau d'injection. Un robinet placé sur le tuyau B sert à en régler l'ouverture suivant que le vide dans le condenseur est plus ou moins grand ; un tube de baromètre T, ajusté dans la tubulure T', est placé sur la partie supérieure de la caisse pour indiquer si l'aspiration du condenseur n'est pas trop forte, ce qui viderait le réfrigérant ; il sert en même temps de conduit de dégagement pour la vapeur qui se forme dans la caisse, quand la température y est un peu élevée ; il est essentiel que la hauteur du tube dépasse la ligne de flottaison du navire, afin d'établir l'équilibre de niveau dans

Fig. 4.

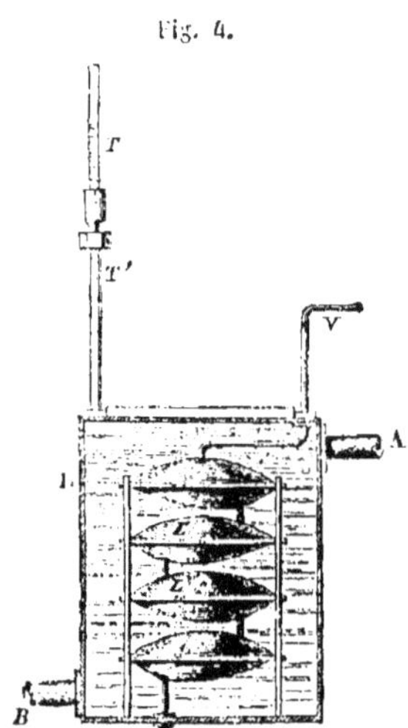

la caisse ; sans cela, un écoulement continu aurait lieu dans la cale, et le but proposé ne serait pas atteint; la vapeur prise à la chaudière par le tuyau V se condense dans le réfrigérant à lentilles LL'; l'eau de condensation s'écoule par le tuyau C, tandis que l'eau refroidissante qui entre par le tuyau d'extinction des feux A, est aspirée par le condenseur agissant par le tuyau B. Lorsque les machines sont stoppées et que par conséquent le vide n'existe plus dans le condenseur, le courant de l'eau refroidissante a lieu en sens contraire, c'est-à-dire qu'elle rentre dans le réfrigérant par le tuyau B de l'injection et qu'elle en sort par celui d'extinction des feux A. Cet effet est dû à la dilatation, dans la caisse, des couches d'eau supérieures qui, changeant alors de densité, remontent vers la surface du niveau extérieur en passant par A. On comprend ainsi la rentrée et la sortie de l'eau refroidissante sans le secours d'une pompe.

Voici quelles sont les dimensions de cet appareil d'une construction toujours possible à bord des navires, en tant que matières, caisses à eau et main-d'œuvre :

Différence de hauteur des orifices.	1m 30
Diamètre du tuyau de vapeur.	0 008
Id. d'injection	0 040
Id. de dégorgement. . . .	0 030
Hauteur de la caisse	1 000
Largeur de la caisse	0 800
Largeur des lentilles	0 400
Hauteur de chaque lentille	0 150
Production d'eau douce en vingt-quatre heures (la machine étant stoppée). . . .	1,000 litres.
Tension moyenne de la vapeur à la chaudière	0m 15

Nous signalerons encore les condensateurs formés par un seul tuyau partant de la chaudière, traversant la muraille du navire qu'il suit au dehors sur une longueur de quelques mètres, et revenant dans le navire pour être dirigé dans la partie occupée par les caisses à eau. La condensation rapide de la vapeur circulant dans ce tuyau toujours immergé dans l'*eau froide*, fait de ces condensateurs une ressource puissante dans un cas de disette d'eau, ou dans un cas de dérangement d'un appareil distillateur plus complet.

Moyens de conservation de l'eau potable.

Quels que soient les moyens employés à bord d'un navire pour s'y procurer l'approvisionnement d'eau potable, il est essentiel d'en assurer la conservation dans les récipients destinés à la contenir. Pour cet objet, on s'est longtemps servi, et l'on se sert encore à bord des navires de commerce, de barriques de bois placées sur le pont ou dans la cale. L'eau, au contact prolongé du bois, se putréfie et acquiert une odeur fétide, repoussante (cet effet est dû à la décomposition des matières organiques enlevées au bois des tonneaux) ; après un certain temps, elle reprend sa limpidité et ses qualités premières, et peut ainsi s'altérer et se purifier à plusieurs reprises, ce qui fait dire aux marins que, pour être définitivement bonne à boire, l'eau des barriques a besoin de *pourrir trois fois*. Il est probable que ces transformations successives et semblables ont la même cause, qui disparaît et s'amoindrit beaucoup, lorsque l'élément dissolvant des matières organiques du bois est épuisé ou trop appauvri dans le même volume d'eau. Quoi qu'il en soit, il est bien préférable de renoncer une bonne fois, et pour des voyages au long cours, à ce mode insalubre de conservation, et d'adopter les caisses en tôles de fer, qui n'ont sur les pièces en bois que le désavantage de coûter un peu plus cher à l'usage. Ici, comme pour l'approvisionnement d'eau au moyen d'une cuisine distillatoire, comparé à l'approvisionnement complet au départ ou dans les ports de relâche, l'économie n'est qu'apparente, car la santé, la vigueur des hommes soumis à une alimentation insalubre ou insuffisante diminuant, le travail qu'ils produisent journellement diminue aussi, et avec lui le bénéfice de l'entreprise et du voyage. Cette dernière raison doit être déterminante, si la question d'humanité ne l'est point assez.

Lorsqu'on fait usage de tonneaux, il faut au moins prendre les précautions qui peuvent atténuer ou retarder, le plus longtemps possible, la putréfaction dont il vient d'être parlé; parmi celles qui ont donné les meilleurs résultats, nous citerons en première ligne : 1° la *carbonisation intérieure*, que l'on obtient en enlevant l'un des fonds de la pièce pour pouvoir allumer et entretenir au dedans un feu vif de copeaux, jusqu'à ce qu'on ait obtenu une légère couche de charbon, ou bien encore en carbonisant la face intérieure des douelles, avant de monter la pièce, à l'aide d'un fer chauffé au rouge clair; par ce moyen on atteint le but beaucoup plus sûrement et plus complétement; 2° le *goudronnage intérieur*, en se servant d'une partie de brai gras mêlée à quatre parties de brai sec; vient ensuite le *soufrage*, qui consiste à faire brûler un morceau de soufre ou une mèche soufrée dans une futaille, d'y verser après, le quart de la quantité d'eau qu'elle peut contenir, et de continuer ainsi jusqu'à ce qu'elle soit entièrement pleine; le *lavage* à l'eau de chaux, etc., etc., moyens dont l'efficacité n'est rien moins que prouvée, et, dans tous les cas, moyens bien moins efficaces que les deux premiers.

Les caisses de tôle ont été employées en Angleterre dès l'année 1815, et en France guère avant 1825. Depuis cette époque elles sont réglementaires à bord des navires de l'État. Elles joignent à leur qualité conservatrice de l'eau celle bien appréciable de s'arrimer plus facilement et plus solidement que les futailles, et d'économiser l'espace, parce que leur forme est celle d'un parallélipipède tronqué ou régulier, suivant les façons du navire dans lesquelles elles doivent s'adapter. On peut reprocher à ces réservoirs métalliques de s'oxyder, de s'user beaucoup plus promptement que ceux en bois, et, partant, de coûter plus cher; ces reproches doivent tomber devant les bienfaits de cette innovation qui procure aux marins et aux passagers d'un navire une eau salubre et limpide au lieu d'un liquide boueux et malsain, comme l'est celui conservé dans les tonneaux. Quant à la question de l'influence de l'oxyde de fer sur la santé (oxyde qui se forme constamment dans les caisses de tôle), nous la laisserons expliquer par la science médicale, par l'autorité que donnent le savoir, l'observation et la pratique, en citant une dernière fois l'opinion de M. le docteur Fonssagrive :

« Il est bien vrai que, quoi qu'on fasse, l'oxydation des caisses « marche assez vite, et qu'une bouillie ocreuse en tapisse constamment le fond; il est bien vrai aussi que l'agitation du navire communique à l'eau une coloration rougeâtre; mais ce « fait, préjudiciable aux deniers de l'État, nous paraît, par contre, « favorable à l'hygiène du navire. Qui ne sait que, dans les pays « chauds, zones où s'accomplissent les trois quarts des naviga- « tions, l'anémie imprime sur toutes les constitutions son cachet « irrécusable? Qui ne sait aussi que les propriétés reconsti- « tuantes du fer sont éminemment propres à combattre cette ten- « dance? Pour nous, loin de redouter l'action du fer absorbé « ainsi journellement, nous engagerions bien plutôt les médecins « de la marine, lorsque des chaleurs prolongées et une alimen- « tation peu réparatrice auront appauvri le sang des matelots, à « utiliser, pour la confection du pain de l'équipage, l'eau très- « fortement ocreuse qui séjourne au fond des caisses, et qui « en constitue le dernier septième environ. »

Depuis peu, on emploie des caisses de tôles zinguées à l'extérieur et à l'intérieur pour les garantir de l'oxydation. Ce moyen est efficace et ne paraît pas présenter d'inconvénient pour la santé, bien que l'eau, en séjournant dans les caisses pendant un an, se charge de 0 gr. 07 par litre, d'hydrate d'oxyde de zinc.

Le prix d'achat des caisses de tôle non zinguées est, moyennement, de 1 fr. le kilogramme ; le zingage coûte 15 fr. par 100 kilogrammes, la tôle étant recouverte à l'extérieur et à l'intérieur d'une couche de zinc ayant 1 dixième de millimètre d'épaisseur. Le poids moyen est de 210 grammes par décimètre cube ou par litre de contenance. La durée approximative de chaque caisse, sans besoin de réparation, est, d'après nos renseignements, de six à sept ans, service continu, et avec la précaution de les garantir de l'oxydation extérieure par une couche de coaltar ou de peinture noire renouvelée en temps convenable. Nous avons employé avec succès un mastic composé d'une partie en poids de brai gras et deux parties de gutta-percha, mêlées et fondues ensemble, pour boucher les fissures des caisses à eau et fermer les trous provenant de l'usure du métal par suite d'un long service. On applique ce mastic à chaud après avoir bien gratté et séché la tôle.

En résumant les observations que nous avons eu l'occasion de produire dans cette note, et en tirant la conséquence des faits signalés, nous appellerons l'attention des navigateurs et des armateurs sur ces points principaux :

1° Il y a prudence et économie d'avoir, à bord d'un navire naviguant au long cours, un appareil distillateur pouvant fournir à l'alimentation d'eau de l'équipage et des passagers, parce que le prix maximum de 0 fr. 01 cent. que coûte le litre d'eau distillée est inférieur au prix d'achat de l'eau dans la plupart des ports de relâche ; que la durée du voyage est abrégée, parce qu'on est dispensé de quitter la route suivie pour gagner un point du continent ou une île pour renouveler l'approvisionnement d'eau, et encore, que les parages où l'on aborde ainsi forcément sont ou malsains ou dangereux ; parce que l'approvisionnement d'eau et de récipients pour la contenir, étant bien moindres au départ, pour un navire muni d'un distillateur que pour celui qui n'en possède pas, l'encombrement et la charge du premier se trouvent diminués au profit du chargement portant bénéfice ; parce que le combustible brûlé pour la cuisson des aliments est payé, au moins, par l'eau distillée qu'il a produite en même temps ; parce qu'indépendamment d'une ration d'eau suffisante pour une bonne alimentation, on peut, sans crainte sérieuse, donner à chaque homme une ration d'eau douce destinée au lavage des effets d'habillements, amélioration très-importante de l'état hygiénique des équipages, si on veut bien ne pas oublier que le linge, et particulièrement les tissus de laine, lavés dans l'eau de mer, ne se décrassent pas convenablement et ne sèchent jamais parfaitement. Les composés hygroscopiques de cette eau entretiennent une humidité constante dans les vêtements qui en ont été imbibés et qui, après coup, n'ont pas été rincés dans l'eau douce ; parce qu'enfin l'eau distillée se conserve indéfiniment sans altération dans les caisses, ce qui n'a point lieu pour la plupart des eaux naturelles, qui contiennent en suspension ou en dissolution des matières organiques, dont la putréfaction donne au liquide une odeur fétide en lui enlevant ses qualités hygiéniniques.

2° La conduite et l'entretien des appareils doivent être confiés à un ouvrier chaudronnier ou à un chauffeur expérimenté ; la propreté doit être rigoureusement surveillée par l'une des autorités du bord : chirurgien, officier ou maître.

3° L'usage des filtres mobiles, dont la charge de charbon et d'escarbille est renouvelée tous les huit jours, est une précaution complétée par l'essai des produits de la distillation au moyen d'un réactif : dans un dixième de litre d'eau distillée contenue dans un verre, on verse quelques gouttes d'acide *sulfhydrique* ; si cet acide donne lieu à une *coloration brune*, le liquide essayé contient des sels de cuivre; si l'eau laisse précipiter dans le fond du verre une *matière noire*, c'est l'indice de la présence d'un sel de plomb, qui n'est pas moins malfaisant et dangereux pour la santé que les composés cuivreux.

4° L'aération de l'eau par le battage à la main ou par un transvasement répété doit être pratiquée avant la mise en consommation d'une caisse pleine; et, pour compléter les moyens qui aboutissent à faire de l'eau de mer distillée une boisson *saine* et *agréable*, la salifier en employant le mélange dont la formule est indiquée par M. le docteur Fonssagrive.

Ordonnance du 17 janvier 1846 relative aux bateaux à vapeur qui naviguent sur mer.

LOUIS-PHILIPPE, etc.,

Sur le rapport de notre ministre secrétaire d'État au département des travaux publics;

Vu les ordonnances des 2 avril 1823 et 25 mai 1828 sur les bateaux à vapeur :

Les rapports de la commission centrale des machines à vapeur établie près de notre ministre des travaux publics;

Notre conseil d'État entendu,

Nous avons ordonné et ordonnons ce qui suit :

Art. 1er. La construction et l'emploi des bateaux à vapeur français qui naviguent sur mer sont assujettis aux dispositions suivantes :

TITRE Ier.

DES PERMIS DE NAVIGATION.

Section 1re. — *Formalités préliminaires.*

Art. 2. Aucun bateau à vapeur ne pourra naviguer sur mer sans un permis de navigation, et ce, indépendamment de l'exécution des conditions imposées à tous les navires de commerce français, tant par le Code de commerce que par les lois et règlements sur la navigation.

Art. 3. Toute demande en permis de navigation sera adressée, par le propriétaire du bateau, au préfet du département où se trouvera le port d'armement.

Art. 4. Dans sa demande, le propriétaire fera connaître :

1° Le nom du bateau;

2° Ses principales dimensions, son tirant d'eau à vide, et sa charge maximum exprimée en tonneaux de 1,000 kilogrammes :

3° La force de l'appareil moteur exprimée en chevaux (le cheval de vapeur étant la force capable d'élever un poids de 75 kilogrammes à un mètre de hauteur dans une seconde de temps) ;

4° La pression, évaluée en nombre d'atmosphères, sous laquelle cet appareil fonctionnera ;

5° La forme de la chaudière ;

6° Le service auquel le bateau sera destiné ;

7° Le nombre maximum des passagers qui pourront être reçus dans le bateau.

Un dessin géométrique de la chaudière sera joint à la demande.

Cette demande sera renvoyée par le préfet à la commission de surveillance instituée conformément à l'article 47 de la présente ordonnance.

Section II. — *Visites et essais des bateaux à vapeur.*

Art. 5. La commission de surveillance visitera le bateau à vapeur, à l'effet de s'assurer :

1° S'il est construit avec solidité, s'il réunit les conditions de stabilité nécessaires pour la navigation maritime, et si l'on a pris toutes les précautions requises pour le cas où il serait destiné à un service de passagers ;

2° Si l'appareil moteur a été soumis aux épreuves voulues, et s'il est pourvu des moyens de sûreté prescrits par la présente ordonnance ;

3° Si la chaudière, en raison de sa forme, du mode de jonction de ses diverses parties, de la nature des matériaux avec lesquels elle est construite, ne présente aucune cause particulière de danger ;

4° Si l'on a pris toutes les précautions nécessaires pour prévenir les chances d'incendie.

Art. 6. Après la visite, la commission assistera à un essai du bateau à vapeur. Elle vérifiera si l'appareil moteur a une force suffisante pour le service auquel ce bateau sera destiné, et elle constatera :

1° Le tirant d'eau du bateau ;

2° La vitesse du bateau dans les différentes circonstances de l'essai ;

3° Les divers degrés de tension de la vapeur, dans l'appareil moteur, pendant la marche du bateau ;

4° Le nombre maximum des passagers qui pourront être reçus à bord ;

5° La tension maximum de la vapeur, exprimée en atmosphères et en fractions décimales d'atmosphère, sous lequel l'appareil moteur pourra fonctionner ;

6° Les numéros des timbres dont les chaudières, tubes bouilleurs, cylindres et enveloppes de cylindre auront été frappés, ainsi qu'il est prescrit à l'art. 21 ;

7° Le diamètre des soupapes de sûreté et leur charge, telle qu'elle aura été réglée conformément aux art. 26 et 27 ;

8° Le nombre des embarcations, ainsi que les agrès et instruments nécessaires à la navigation maritime, dont le bateau devra être pourvu.

Le préfet prescrira en outre, dans le permis, toutes les mesures d'ordre et de police locales nécessaires. Il enverra copie de son arrêté à notre ministre des travaux publics.

Section IV. — *Des autorisations provisoires de navigation.*

Art. 11. Si le bateau a été muni de son appareil moteur dans un département autre que celui où il doit entrer en service, le propriétaire devra obtenir du préfet du premier de ces départements une autorisation provisoire de navigation pour faire arriver le bateau au lieu de sa destination. La commission de surveillance sera consultée sur la demande.

Section V. — *Dispositions transitoires.*

Art. 12. Il est accordé aux détenteurs actuels de permis de navigation un délai de trois mois, à dater de la publication de la présente ordonnance, pour se conformer aux dispositions qui précèdent, et demander un nouveau permis qui leur sera délivré, s'il y a lieu, par l'autorité compétente. Passé ce délai, les anciens permis de navigation seront considérés comme non avenus.

TITRE II.

DES MACHINES A VAPEUR SERVANT DE MOTEURS AUX BATEAUX.

SECTION Ire. — *Dispositions relatives à la fabrication et au commerce des machines employées sur les bateaux.*

ART. 13. Aucune machine à vapeur destinée à un service de navigation ne pourra être livrée par un fabricant, si elle n'a subi les épreuves prescrites ci-après.

ART. 14. Les épreuves seront faites à la fabrique, par ordre du préfet, sur la déclaration du fabricant.

ART. 15. Les machines venant de l'étranger devront être pourvues des mêmes appareils de sûreté que les machines d'origine française et subir les mêmes épreuves. Ces épreuves seront faites au lieu désigné par le destinataire, dans la déclaration qu'il devra faire à l'importation.

SECTION II. — *Épreuves des chaudières et des autres pièces contenant la vapeur.*

ART. 16. Les chaudières à vapeur, leur tubes bouilleurs et les réservoirs à vapeur, les cylindres en fonte des machines à vapeur et les enveloppes en fonte de ces cylindres, ne pourront, sauf l'exception portée à l'art. 25, être établis à bord des bateaux sans avoir été préalablement soumis par les ingénieurs des mines, ou, à leur défaut, par les ingénieurs des ponts et chaussées, à une épreuve opérée à l'aide d'une pompe de pression. L'usage des chaudières et des tubes bouilleurs en fonte est prohibé dans les bateaux à vapeur.

ART. 17. La pression d'épreuve prescrite par l'article précédent sera *triple* de la pression effective ou, autrement, de la plus grande tension que la vapeur pourra avoir dans les chaudières, leurs tubes bouilleurs et autres pièces contenant la vapeur, diminuée de la pression extérieure de l'atmosphère.

ART. 18. On procédera aux épreuves en chargeant les soupapes de sûreté des chaudières de poids proportionnels à la pression effective et déterminés suivant la règle indiquée en l'article 28.

A l'égard des autres pièces, la charge d'épreuve sera appliquée sur la soupape de la pompe de pression.

Art. 19. L'épaisseur des parois des chaudières cylindriques, en tôle ou en cuivre laminé, sera réglée conformément à la table n° 1 (*voir* les *Annales maritimes* de 1816).

L'épaisseur de celles de ces chaudières qui, par leurs dimensions et par la pression de la vapeur, ne se trouveraient pas comprises dans la table, sera déterminée d'après la règle énoncée à la suite de la table ; toutefois, cette épaisseur ne pourra dépasser 15 millimètres.

Les épaisseurs de la tôle devront être augmentées s'il s'agit de chaudières formées, en partie ou en totalité, de faces planes, ou bien de conduits intérieurs, cylindriques ou autres, traversant l'eau ou la vapeur, et servant soit de foyers, soit à la circulation de la flamme. Ces chaudières et conduits devront de plus être, suivant le cas, renforcés par des armatures suffisantes.

Art. 20. Après qu'il aura été constaté que les parois des chaudières ont les épaisseurs voulues et après l'épreuve, on appliquera aux chaudières, à leurs tubes bouilleurs et aux réservoirs de vapeur, aux cylindres en fonte des machines à vapeur et aux enveloppes en fonte de ces cylindres, des timbres indiquant, en nombre d'atmosphères, le degré de tension intérieure que la vapeur ne devra pas dépasser. Ces timbres seront placés de manière qu'ils soient toujours apparents.

Art. 21. L'épreuve sera renouvelée après l'installation de la machine dans le bateau :

1° Si le propriétaire le réclame ;

2° S'il y a eu, pendant le transport ou lors de la mise en place, quelques avaries ;

3° S'il a été fait à la chaudière des modifications ou réparations quelconques depuis la première épreuve ;

4° Si la commission de surveillance le juge utile.

Art. 22. Les chaudières à vapeur, leurs tubes bouilleurs et autres pièces contenant la vapeur, devront être éprouvés de nouveau toutes les fois qu'il sera jugé nécessaire par les commissions de surveillance ; quand il aura été fait aux chaudières et autres pièces des changements ou réparations notables, les propriétaires des bateaux à vapeur sont tenus d'en donner connaissance au préfet. Il sera nécessairement procédé, dans ce cas, à de nouvelles épreuves.

ART. 23. L'appareil et la main-d'œuvre nécessaires pour les épreuves seront fournis par les propriétaires des machines et des chaudières à vapeur.

ART. 24. Les chaudières qui auront des faces planes seront dispensées de l'épreuve, mais sous la condition que la force élastique, ou la tension de la vapeur, ne devra pas s'élever, dans l'intérieur de ces chaudières, à plus *d'une atmosphère et demie*.

SECTION III. — *Des appareils de sûreté dont les chaudières à vapeur doivent être munies.*

§ 1er. Des Soupapes de sûreté.

ART. 25. Il sera adapté à la partie supérieure de chaque chaudière deux soupapes de sûreté. Ces soupapes seront placées vers chaque extrémité de la chaudière, et à la plus grande distance possible l'une de l'autre.

Le diamètre des orifices de ces soupapes sera réglé d'après la surface de chauffe de la chaudière et la tension de la vapeur dans son intérieur, conformément à la table n° 2 (*voir* les *Annales maritimes* de 1846) et la note 1, page 316, du *Traité élémentaire des machines*.

ART. 26. Chaque soupape sera chargée d'un poids unique agissant soit directement, soit par l'intermédiaire d'un levier.

Chaque poids recevra l'empreinte d'un poinçon apposée par la commission de surveillance. Les leviers seront également poinçonnés, s'il en est fait usage. La quotité du poids et la longueur du levier seront énoncées dans le permis de navigation.

ART. 27. La charge maximum de chaque soupape de sûreté sera déterminée en multipliant 1. k. 033 par le nombre d'atmosphères mesurant la pression effective, et par le nombre de centimètres carrés mesurant l'orifice de la soupape.

La largeur de la surface annulaire de recouvrement ne devra pas dépasser la trentième partie du diamètre de la surface circulaire exposée directement à la pression de la vapeur, et cette largeur, dans aucun cas, ne devra excéder deux millimètres.

ART. 28. Il sera de plus adapté à la partie supérieure des chaudières à faces planes, dont il est fait mention à l'art. 25, une soupape atmosphérique, c'est-à-dire ouvrant du dehors au dedans.

§ 2. Des manomètres.

Art. 29. Chaque chaudière sera munie d'un manomètre à mercure, gradué en atmosphères et en fractions décimales d'atmosphère, de manière à faire connaître immédiatement la tension de la vapeur dans la chaudière.

Le tuyau qui amènera la vapeur au manomètre sera adapté directement sur la chaudière, et non sur le tuyau de prise de vapeur ou sur tout autre tuyau dans lequel la vapeur serait en mouvement.

Le manomètre sera placé en vue du chauffeur.

Art. 30. On fera usage du manomètre à air libre, c'est-à-dire ouvert à la partie supérieure, toutes les fois que la pression effective de la vapeur ne dépassera pas deux atmosphères.

Art. 31. On tracera sur l'échelle de chaque manomètre, d'une manière très-apparente, une ligne qui répondra au numéro de cette échelle que le mercure ne devra pas habituellement dépasser.

§ 3. De l'alimentation et des indicateurs du niveau de l'eau dans les chaudières.

Art. 32. Chaque chaudière sera munie d'une pompe alimentaire bien construite et en bon état d'entretien. Indépendamment de cette pompe, mise en mouvement par la machine motrice du bateau, chaque chaudière sera pourvue d'une autre pompe pouvant fonctionner soit à l'aide d'une machine particulière, soit à bras d'homme, et destinée à alimenter la chaudière, s'il en est besoin, lorsque la machine motrice du bateau ne fonctionnera pas.

Art. 33. Le niveau que l'eau doit avoir habituellement dans la chaudière sera indiqué, à l'extérieur, par une ligne tracée d'une manière très-apparente sur le corps de la chaudière ou sur le parement du fourneau.

Cette ligne sera d'un décimètre au moins au-dessus de la partie la plus élevée des carneaux, tubes ou conduits de la flamme et de la fumée dans le fourneau.

Art. 34. Il sera adapté à chaque chaudière :

1° Deux tubes indicateurs en verre, qui seront placés un à chaque côté de la face antérieure de la chaudière ;

2° L'un des deux appareils suivants, savoir : un flotteur d'une mobilité suffisante ; des robinets indicateurs, convenablement placés à des niveaux différents. Les appareils indicateurs seront, dans tous les cas, disposés de manière à être en vue du chauffeur.

Section IV. — *Des chaudières multiples.*

Art. 35. Si plusieurs chaudières sont établies dans un bateau, elles ne pourront être mises en communication que par les parties toujours occupées par la vapeur, et cette communication sera disposée de manière que ces chaudières puissent, au besoin, être rendues indépendantes les unes des autres.

Dans tous les cas, chaque chaudière sera alimentée séparément, et devra être munie de tous les appareils de sûreté prescrits par la présente ordonnance.

Section V. — *De l'emplacement des appareils moteurs.*

Art. 36. L'emplacement des appareils moteurs devra être assez grand pour qu'on puisse faire facilement le service des chaudières et visiter toutes les parties des appareils.

Cet emplacement sera séparé des salles des passagers par des cloisons en planches, très-solidement construites et entièrement revêtues d'une doublure en feuille de tôle à recouvrement d'un millimètre d'épaisseur au moins.

TITRE III.

DES ÉQUIPAGES ET DU SERVICE DES BATEAUX A VAPEUR.

Art. 37. Indépendamment du capitaine, maître ou timonier et des matelots formant l'équipage, il y aura à bord de chaque bateau au moins un mécanicien et autant de chauffeurs que le service de l'appareil moteur l'exigera.

Art. 38. Le capitaine, indépendamment du brevet, soit de capitaine au long-cours, soit de maître au cabotage, dont il devra être pourvu en raison de la destination du bâtiment, devra, conformément au mode qui sera déterminé par notre ministre des travaux publics, justifier qu'il possède des connaissances nécessaires pour diriger la marche d'un batiment à vapeur et surveiller les opérations du mécanicien.

Art. 39. Nul ne pourra être employé en qualité de mécanicien, s'il ne produit des certificats de capacité délivrés dans les formes qui seront déterminées par notre ministre des travaux publics.

Art. 40. Le mécanicien, sous l'autorité du capitaine, présidera à la mise en feu avant le départ ; il entretiendra toutes les parties de l'appareil moteur ; il s'assurera qu'elles fonctionnent bien, et que les chauffeurs sont en état de bien faire leur service. Pendant le voyage, il dirigera les chauffeurs et s'occupera constamment de la conduite de la machine.

Art. 41. Le capitaine inscrira sur le journal du bord toutes les circonstances relatives à la marche de l'appareil moteur qui seront dignes de remarque.

Art. 42. Il est défendu aux propriétaires de bateau à vapeur et à leurs agents de faire fonctionner les appareils moteurs sous une pression supérieure à la pression déterminée dans le permis de navigation, et de rien faire qui puisse détruire ou diminuer l'efficacité des moyens de sûreté dont ces appareils seront pourvus.

Art. 43. Il est interdit de laisser aucun passager s'introduire dans l'emplacement de l'appareil moteur.

Art. 44. Il sera ouvert, dans chaque bateau, un registre dont toutes les pages seront cotées et parafées par le maire de la commune où est situé le port d'armement, et sur lequel les passagers auront la faculté de consigner leurs observations, en ce qui pourrait concerner le départ, la marche du bateau, les avaries ou accidents quelconques et la conduite de l'équipage. Ces observations devront être signées par les passagers qui les auront faites. Le capitaine pourra également consigner sur ce registre les observations qu'il jugerait convenables, ainsi que tous les faits qu'il lui paraîtrait important de faire attester par les passagers.

Art. 45. Dans chaque salle où se tiennent les passagers il sera affiché une copie des permis de navigation et un tableau indiquant :

1° La durée moyenne du voyage ;

2° La durée des relâches ;
3° Le nombre maximum des passagers ;
4° La faculté qu'ils ont de consigner leurs observations sur le registre ouvert à cet effet ;
5° Le tarif des places.

TITRE IV.

DE LA SURVEILLANCE ADMINISTRATIVE DES BATEAUX A VAPEUR.

Art. 46. Une commission de surveillance sera instituée par le préfet du département, dans chaque port où la navigation à vapeur est en usage.

Les ingénieurs des mines et les ingénieurs des ponts-et-chaussées, en résidence dans les ports, les officiers du génie maritime, le commissaire ou préposé à l'inscription maritime et le capitaine, lieutenant ou maître de port résidant sur les lieux, feront nécessairement partie de ces commissions.

Art. 47. Les commissions de surveillance, indépendamment des fonctions qui leur sont attribuées par les articles 5, 6, 7, et 8 ci-dessus, visiteront les bateaux à vapeur au moins tous les trois mois, et chaque fois que le préfet le jugera convenable.

Les membres de ces commissions pourront, en outre, faire individuellement des visites plus fréquentes.

Art. 48. La commission de surveillance s'assurera, dans ses visites, que les mesures prescrites par la présente ordonnance et par le permis de navigation sont exécutées.

Elle constatera l'état de l'appareil moteur et celui du bateau ; elle se fera représenter le journal du bord et le registre destiné à recevoir les observations des passagers.

Art. 49. La commission adressera au préfet le procès-verbal de chacune de ces visites. Dans ce procès-verbal, elle consignera ses propositions sur les mesures à prendre si l'appareil moteur ou le bateau ne présente plus les garanties suffisantes de sûreté.

Art. 50. Sur les propositions de la commission de surveillance, le préfet ordonnera, s'il y a lieu, la réparation ou le remplacement de toutes les pièces de l'appareil moteur ou du bateau dont un plus long usage présenterait des dangers. Il pourra suspendre le permis de navigation jusqu'à l'entière exécution de ces mesures; il révoquera le permis si la machine ou le bateau sont déclarés hors de service par la commission.

Art. 51. Dans tous les cas où, par suite de l'inexécution des dispositions de la présente ordonnance, la sûreté publique serait compromise, le préfet suspendra, et, au besoin, révoquera le permis de navigation.

Art. 52. Les préfets prescriront, dans chaque port de commerce, les dispositions nécessaires pour éviter les accidents auxquels le stationnement, le départ et l'arrivée des bateaux à vapeur pourraient donner lieu. Dans les ports militaires, il sera pourvu à ces dispositions par les préfets maritimes.

Art. 53. Les maires, adjoints ou commissaires de police, officiers et maîtres de port, les inspecteurs de la navigation exerceront une surveillance de police journalière sur les bateaux à vapeur, tant au point de départ et d'arrivée qu'aux lieux de relâche intermédiaire.

Art. 54. Si, avant le départ ou après l'arrivée, il était survenu des avaries de nature à compromettre la sûreté de la navigation, l'autorité chargée de la police locale pourra suspendre la marche du bateau; elle devra sur-le-champ en informer le préfet. En cas d'accident, elle se transportera immédiatement sur les lieux, et le procès-verbal qu'elle dressera de sa visite sera transmis au préfet, et, s'il y a lieu, au procureur du roi.

La commission de surveillance se rendra aussi sur les lieux sans délai, pour visiter les appareils moteurs, en constater l'état et rechercher la cause de l'accident; elle adressera, sur le tout, un rapport au préfet.

Art. 55. Dans chaque port des colonies françaises, la surveillance dont les articles ci-dessus font mention sera exercée par une commission spéciale, nommée à cet effet par le gouverneur ou le commandant de la colonie.

Art. 56. La même surveillance sera exercée dans les ports étrangers par les soins des consuls et agents consulaires français, assistés de tels hommes de l'art qu'ils jugeront à propos de désigner. Le capitaine devra représenter au consul, en même temps qu'il lui fera le rapport exigé par l'article 244 du Code de commerce, le permis de navigation qui lui aura été délivré.

Les hommes de l'art qui seront chargés, dans les ports étrangers, de procéder aux visites et vérifications prescrites par la présente ordonnance, recevront des frais de vacation. Les dispositions qu'il serait nécessaire d'ajouter, à cet égard, au tarif des chancelleries, fixé par notre ordonnance du 6 novembre 1842, seront, pour chaque port, arrêtées par notre ministre des affaires étrangères, sur la proposition du consul, conformément à l'article 3 de ladite ordonnance.

TITRE V.

DISPOSITIONS GÉNÉRALES.

Art. 57. Si, à raison du mode particulier de construction de certaines machines ou chaudières à vapeur, l'application à ces machines ou chaudières d'une partie des mesures de sûreté prescrites par la présente ordonnance devenait inutile, le préfet, sur le rapport de la commission de surveillance, déterminera les conditions sous lesquelles ces appareils seront autorisés. Dans ce cas, les permis de navigation ne seront délivrés par le préfet que lorsqu'ils auront reçu l'approbation du ministre des travaux publics.

Art. 58. Les propriétaires des bateaux à vapeur seront tenus d'adapter aux machines et chaudières, employées pour ces bateaux, les appareils de sûreté qui pourraient être découverts par la suite, et qui seraient prescrits par des règlements d'administration publique.

Art. 59. Il sera publié, par notre ministre secrétaire d'État au département des travaux publics, une instruction sur les mesures de précautions habituelles à observer dans l'emploi des machines et des chaudières à vapeur établies sur des bateaux. Cette instruction devra être affichée à demeure dans l'emplacement où se trouvent ces machines et chaudières.

Art. 60. La navigation et la surveillance des bateaux à vapeur de l'État sont régies par des dispositions spéciales.

Art. 61. Les ordonnances royales des 2 avril 1823 et 25 mai 1828, concernant les bateaux à vapeur et les machines et les chaudières à vapeur employées sur les bateaux, sont rapportées.

Art. 62. Nos ministres secrétaires d'État aux départements des travaux publics, des affaires étrangères, de la guerre, de la marine et des colonies, sont chargés, chacun en ce qui le concerne, de l'exécution de la présente ordonnance, qui sera insérée au *Bulletin des lois.*

Fait au palais des Tuileries, le 17 janvier 1846.

Signé : LOUIS-PHILIPPE.

Par le roi :

Le Ministre secrétaire d'État des Travaux publics,
Signé : S. Dumon.

Loi concernant les contraventions aux règlements sur les appareils de bateaux à vapeur.

TITRE PREMIER.

DES CONTRAVENTIONS RELATIVES A LA VENTE DES APPAREILS A VAPEUR.

Art. 1er. Est puni d'une amende de 100 à 1,000 francs tout fabricant qui a livré une chaudière fermée ou toute autre pièce destinée à produire de la vapeur, sans qu'elle ait été soumise aux épreuves exigées par les règlements d'administration publique.

Est puni de la même peine le fabricant qui, après avoir fait dans ses ateliers des changements ou des réparations notables à une chaudière ou à toute autre pièce destinée à produire de la vapeur, l'a rendue au propriétaire sans qu'elle ait été soumise auxdites épreuves.

Art. 2. Est puni d'une amende de 25 à 200 fr. tout fabricant qui a livré un cylindre, une enveloppe de cylindre, ou une pièce quelconque destinée à contenir de la vapeur, sans que cette pièce ait été soumise aux épreuves prescrites par lesdits règlements.

TITRE II.

DES CONTRAVENTIONS RELATIVES A L'USAGE DES APPAREILS A VAPEUR ÉTABLIS AILLEURS QUE SUR LES BATEAUX.

Art. 3. Est puni d'une amende de 25 à 500 fr. quiconque a fait usage d'une machine ou chaudière à vapeur sur laquelle ne seraient pas appliqués les timbres constatant qu'elle a été soumise aux épreuves et vérifications prescrites par les règlements d'administration publique.

Est puni de la même peine quiconque, après avoir fait faire à une chaudière ou partie de chaudière des changements ou réparations notables, a fait usage de la chaudière modifiée sans en avoir donné avis au préfet, ou sans qu'elle ait été soumise de nouveau, dans le cas où le préfet l'aurait ordonné, à la pression d'épreuve correspondante au numéro du timbre dont elle est frappée.

Art. 4. Est puni d'une amende de 25 à 500 fr. quiconque a fait usage d'un appareil à vapeur sans être muni de l'autorisation exigée par les règlements d'administration publique.

L'amende est de 100 à 1,000 fr. si l'appareil à vapeur dont il a été fait usage sans autorisation n'est pas revêtu des timbres mentionnés en l'article précédent.

Néanmoins l'amende n'est point encourue si, dans le délai de deux mois pour les appareils à placer dans l'intérieur des établissements, et de trois mois pour les appareils placés en dehors, il n'a pas été statué par l'administration sur l'autorisation demandée.

Art. 5. Celui qui continue à se servir d'un appareil à vapeur pour lequel l'autorisation a été retirée ou suspendue, en vertu des règlements d'administration publique, est puni d'une amende de 100 à 2,000 fr., et peut être condamné, en outre, à un emprisonnement de trois jours à un mois.

Art. 6. Quiconque fait usage d'un appareil à vapeur autorisé sans s'être conformé aux prescriptions qui lui ont été imposées en vertu desdits règlements, en ce qui concerne les appareils de sûreté dont les chaudières doivent être pourvues et l'emplacement de ces chaudières, ou qui continue à en faire usage alors que les appareils de sûreté et les dispositions du local ont cessé de satisfaire à ces prescriptions, est puni d'une amende de 25 à 200 fr.

Art. 7. Le chauffeur ou mécanicien qui a fait fonctionner une machine ou chaudière à une pression supérieure au degré déterminé dans l'acte d'autorisation, ou qui a surchargé les soupapes d'une chaudière, faussé ou paralysé les autres appareils de sûreté, est puni d'une amende de 25 à 500 fr., et peut être, en outre, condamné à un emprisonnement de trois jours à un mois.

Le propriétaire, le chef de l'entreprise, le directeur, le gérant ou le préposé par les ordres duquel a eu lieu la contravention prévue au présent article, est puni d'une amende de 100 à 2,000 fr., et peut être condamné à un emprisonnement de six jours à deux mois.

TITRE III.

DES CONTRAVENTIONS RELATIVES AUX BATEAUX A VAPEUR ET AUX APPAREILS A VAPEUR PLACÉS SUR DES BATEAUX.

Art. 8. Est puni d'une amende de 100 à 2,000 fr. tout propriétaire ou chef d'entreprise qui a fait naviguer un bateau à vapeur sans un permis de navigation délivré par l'autorité administrative, conformément aux règlements d'administration publique.

Art. 9. Le propriétaire ou chef d'entreprise qui a continué de faire naviguer un bateau à vapeur dont le permis a été suspendu ou retiré, en vertu desdits règlements, encourt une amende de 400 à 4,000 fr., et peut être condamné, en outre, à un emprisonnement d'un mois à un an.

Art. 10. Est puni d'une amende de 400 à 4,000 fr. tout propriétaire de bateau à vapeur ou chef d'entreprise qui fait usage d'une chaudière non revêtue des timbres constatant qu'elle a été soumise aux épreuves prescrites par les règlements d'administration publique, ou qui, après avoir fait faire à une chaudière ou partie de chaudière des changements ou réparations notables, a fait usage, hors du cas de force majeure, de la chaudière réparée ou modifiée sans qu'elle ait été soumise à la pression d'épreuve correspondante au numéro du timbre dont elle est frappée.

Art. 11. Est puni d'une amende de 200 à 4,000 fr. tout propriétaire d'un bateau à vapeur ou chef d'entreprise qui, après avoir obtenu un permis de navigation, fait naviguer ce bateau sans se conformer aux prescriptions qui lui ont été imposées en vertu des règlements d'administration publique, en ce qui concerne les appareils de sûreté dont les chaudières doivent être pourvues, l'emplacement des chaudières et machines, et les séparations entre cet emplacement et les salles destinées aux passagers.

La même peine est applicable dans le cas où le bateau a continué à naviguer après que les appareils de sûreté ou les dispositions du local ont cessé de satisfaire à ces prescriptions.

Art. 12. Est puni d'une amende de 200 à 2,000 fr. tout propriétaire de bateau à vapeur ou chef d'entreprise qui a confié la conduite du bateau ou de l'appareil moteur à un capitaine ou à un mécanicien non pourvu des certificats de capacité exigés par les règlements d'administration publique.

Art. 13. Est puni d'une amende de 50 à 500 fr. le capitaine d'un bateau à vapeur si, par suite de sa négligence,

1° La pression de la vapeur dans les chaudières a été portée au-dessus de la limite fixé par le permis de navigation ;

2° Les appareils prescrits, soit pour limiter ou indiquer cette pression, soit pour indiquer le niveau de l'eau dans l'intérieur des chaudières, soit pour alimenter d'eau les chaudières, ont été faussés au paralysés.

Art. 14. Est puni d'une amende de 50 à 500 fr., et, en outre, d'un emprisonnement de trois jours à trois mois, le mécanicien ou chauffeur qui, sans ordre, a surchargé les soupapes, faussé ou paralysé les autres appareils de sûreté.

Lorsque la surcharge des soupapes a eu lieu, hors du cas de force majeure, par l'ordre du capitaine ou du chef de manœuvre qui le remplace, le capitaine ou le chef de manœuvre qui a donné l'ordre est puni d'une amende de 200 à 2,000 fr., et peut être condamné à un emprisonnement de six jours à deux mois.

Art. 15. Est puni d'une amende de 25 à 250 fr., et d'un emprisonnement de trois jours à un mois, le mécanicien d'un bateau à vapeur qui aura laissé descendre l'eau dans la chaudière au niveau des conduits de la flamme et de la fumée.

Art. 16. Est puni d'une amende de 50 à 500 fr. le capitaine d'un bateau à vapeur qui a contrevenu aux dispositions des règlements d'administration publique, ou des arrêtés des préfets rendus en vertu de ces règlements, en ce qui concerne :

1° Le nombre des passagers qui peuvent être reçus à bord ;

2° Le nombre et la nature des embarcations, agrès et apparaux dont le bateau doit être pourvu ;

3° Les prescriptions relatives aux embarquements et débarquements, et celles qui ont pour objet d'éviter les accidents au départ, au passage sous les ponts ou à l'arrivée des bateaux, ou de prévenir les abordages.

Art. 17. Dans le cas où, par inobservation des règlements, le capitaine d'un bateau à vapeur a heurté, endommagé ou mis en péril un autre bateau, il est puni d'une amende de 50 à 500 fr., et peut être condamné, en outre, à un emprisonnement de six jours à trois mois.

Art. 18. Le propriétaire du bateau à vapeur, le chef d'entreprise ou le gérant par les ordres de qui a eu lieu l'un des faits prévus par les articles 13, 14 et 16 de la présente loi, est passible de peines doubles de celles qui, conformément auxdits articles, seront appliquées à l'auteur de la contravention.

TITRE IV.

DISPOSITIONS GÉNÉRALES.

Art. 19. En cas de récidive, l'amende et la durée de l'emprisonnement peuvent être élevés au double du maximum porté dans les articles précédents.

Il y a récidive lorsque le contrevenant a subi, dans les douze mois qui précèdent, une condamnation en vertu de la présente loi.

Art. 20. Si les contraventions prévues dans les titres II et III de la présente loi ont occasionné des blessures, la peine sera de huit jours à six mois d'emprisonnement, et l'amende de 50 à 1,000 fr. ; si elles ont occasionné la mort d'une ou de plusieurs personnes, l'emprisonnement sera de six mois à cinq ans, et l'amende de 300 à 3,000 fr.

Art. 21. Les contraventions prévues par la présente loi sont constatées par les ingénieurs des mines, les ingénieurs des ponts-et-chaussées, les gardes-mines, les conducteurs et autres employés des ponts-et-chaussées et des mines, commissionnés à cet effet, les maires et adjoints, les commissaires de police, et, en outre, pour les bateaux à vapeur, les officiers de port, les inspecteurs et gardes de la navigation, les membres des commissions de surveillance instituées en exécution des règlements, et les hommes de l'art qui, dans les ports étrangers, auront, en vertu de l'ar. 49 de l'ordonnance du 17 janvier 1846, été chargés par les consuls ou agents consulaires français de procéder aux visites des bateaux à vapeur.

Art. 22. Les procès-verbaux dressés en exécution de l'article précédent sont visés pour timbre et enregistrés en débet.

Ceux qui ont été dressés par des agents de surveillance et des gardes assermentés doivent, à peine de nullité, être affirmés dans les trois jours devant le juge de paix ou le maire, soit du lieu du délit, soit de la résidencede l'agent.

Lesdits procès-verbaux font foi jusqu'à preuve contraire.

Les procès-verbaux qui ont été dressés dans les ports étrangers par les hommes de l'art désignés en l'article 21 ci-dessus, sont enregistrés à la chancellerie du consulat et envoyés en originaux au ministre de l'agriculture, du commerce et des travaux publics, afin que les poursuites soient exercées devant les tribunaux compétents.

Art. 23. L'article 463 du Code pénal est applicable aux condamnations prononcées en exécution de la présente loi.

EXTRAIT DU CATALOGUE

DE LA LIBRAIRIE SCIENTIFIQUE-INDUSTRIELLE ET AGRICOLE :

Dictionnaire encyclopédique usuel, ou résumé de tous les dictionnaires historiques, biographiques, géographiques, mythologiques, scientifiques, artistiques, technologiques, etc., répertoire universel et abrégé de toutes les connaissances humaines; contenant la matière de 50 volumes in-8 ordinaires et présentant la définition exacte et précise de 40,000 mots. Publié sous la direction de Charles SAINT-LAURENT. 4e édition. 1 très-fort vol. grand in-8, en deux tomes, imprimé à trois colonnes. 25 fr.

Traité élémentaire des machines à vapeur marines, rédigé d'après le programme du concours pour le brevet de capitaine au long cours et de maître au cabotage (Décret du 26 janvier 1855, arrêté ministériel du 30 janvier 1857). Par M. A. ORTOLAN, premier maître mécanicien de la marine impériale. 1 vol. in-8 avec tableau et atlas in-folio oblong de 17 planches gravées sur acier par Guiguet. 10 fr.
Publié avec autorisation de S. E. M. le Ministre de la marine.

Recueil des machines, instruments et appareils qui servent à l'économie rurale et industrielle, tels que charrues, semoirs, herses, moulins, tarares, machines à élever l'eau, presses à vis, presses hydrauliques, scieries, roues hydrauliques, machines à vapeur, et dont les avantages sont consacrés par l'expérience, publié avec les détails nécessaires à la construction, par M. LEBLANC, professeur au Conservatoire des arts et métiers, conservateur des collections, etc., etc. L'ouvrage se compose actuellement de 5 parties comportant chacune 12 livraisons. Chaque livraison contient 6 planches sur demi-colombier. Chaque partie ou livraison se vend séparément. Prix de la livraison. 6 fr.

Choix de modèles appliqués à l'enseignement du dessin des machines, avec un texte descriptif, etc., par *le même*. 1 vol. in-4, et atlas de 60 planches in-folio. Nouvelle édition. 22 fr.

Le mécanicien-constructeur, ou Atlas et description des organes des machines; œuvre posthume de LEBLANC, professeur au Conservatoire des arts et métiers, etc., à l'usage des Écoles d'arts et métiers, et formant le complément des choix de modèles appliqués à l'enseignement du dessin des machines. Publié par Mme LEBLANC, revu, corrigé et augmenté par M. Félix TOURNEUX, ingénieur, ancien élève de l'École polytechnique. In-4, et atlas de 20 planches petit in-folio. 7 fr.
L'Atlas représente : Boulons, écrous, instruments de serrage, rivets, vis, clavettes et contre-clavettes, arbres en fonte et en bois, *horizontaux* et *verticaux*, manchons, supports, chaises, crapaudines, collière, boîtes à graisse, etc.

Art de la teinture des laines, en toison, en fil et en tissu, contenant : 1o Une Notice succincte sur les procédés employés en teinture; 2o les procédés anciens et modernes, constatés par l'expérience en grand, les plus simples et les meilleurs jusqu'à ce jour pour la teinture des laines de toutes couleurs : 1o grand teint, 2o bon teint, 3o faux teint ; 3o Trois classes de formules relatives à ces trois divisions des procédés de cet art; 4o Un nouveau système de coloration au moyen de quelques nouvelles substances végétales de l'Inde, de Chine, etc., et de quelques substances métalliques; 5o Un Article sur des ustensiles et manœuvres; 6o Une série de 128 échantillons pour les principaux modèles. Par M. M.-D. GONFREVILLE, 1 fort vol. in-8, avec atlas d'échantillon. 12 fr.

Paris. — Imprimerie de W. REMQUET et Cie, rue Garancière, 5.

www.ingramcontent.com/pod-product-compliance
Lightning Source LLC
LaVergne TN
LVHW012001160826
845678LV00002B/661

9782329671789